OBJETS D'ART

ET

DE CURIOSITÉ

ANTIQUES - MOYEN-AGE - RENAISSANCE

TABLEAUX

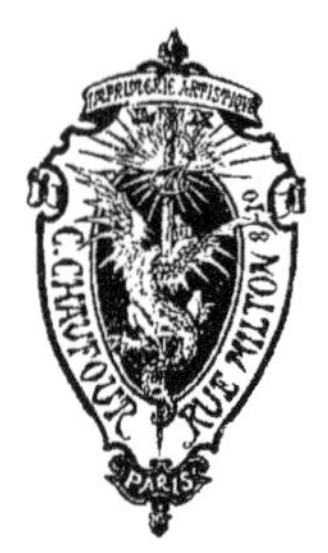

CATALOGUE

DES

OBJETS D'ART

ET

DE CURIOSITÉ

Antiques, Moyen-Age, Renaissance et autres

TABLEAUX

Faïences Italiennes, Émaux, Ivoires

SCULPTURES

Bronzes — Orfèvrerie — Meubles

Dont la Vente Judiciaire par suite de décès

AURA LIEU

HOTEL DROUOT - SALLE N° 1

Les Lundi 6 et Mardi 7 Mai 1907 à 2 heures

COMMISSAIRE-PRISEUR

Me **E. BOUDIN**, *14, Rue Grange-Batelière*

EXPERTS

Pour les Tableaux	Pour les Objets d'Art
M. Jules FÉRAL	**M. Henri LEMAN**
7, Rue Saint-Georges	*37, Rue Laffitte*

EXPOSITION PUBLIQUE

Le Dimanche 5 Mai 1907, de 2 heures à 6 heures

CONDITIONS DE LA VENTE

La vente sera faite au comptant.

Les acquéreurs paieront *dix pour cent* en sus des enchères.

L'Exposition mettant le public à même de se rendre compte
de l'état des objets, aucune réclamation ne sera admise une
fois l'adjudication prononcée.

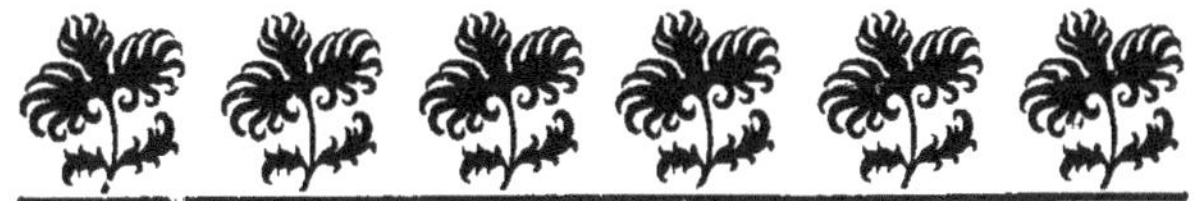

DÉSIGNATION

~~~~~~~~~~~~

TABLEAUX

BARTHOLOMMEO (Attribué à Fra)

1 — La Vierge, l'Enfant Jésus et Saint Jean-Baptiste.

CHAMPAIGNE (Genre de Ph.)

2 — Portrait d'un officier.

DAVID (Ecole de)

3-4 — Grisailles.

Deux pendants.

FRANGIPANI (Nicolas)

5 — Saint Gérôme.

MABUSE (Genre de Jean de)

6 — La Vierge et l'Enfant à l'oiseau.
~~~~~~~~~~~~

MIGNARD (Ecole de)

7 — Portrait d'un officier.

185   8 — Jeune femme en buste.

RAPHAEL (Ecole de)

9 — La Vierge portant l'Enfant Jésus.

ROMAIN (Genre de Jules)

10 — La Vierge, l'Enfant Jésus et Saint Joseph.

ECOLE BYSANTINE (xvie siècle)

11 — Saint Georges.

ECOLE FLAMANDE (xvie siècle)

12 — La Vierge allaitant l'enfant Jésus.

ECOLE FLAMANDE (xviie siècle)

175   13 — Un marché à Gênes.

14 — Fête champêtre.

ECOLE FRANÇAISE (xvie siècle)

15 — La décollation d'un saint.
Miniature.

ECOLE HOLLANDAISE (xviie siècle'

260   16 — Un marché.

ECOLE ITALIENNE (xviie)

17 — Le calvaire.

ECOLE ITALIENNE (xviiie siècle)

18 — Portrait d'un prince de la maison de Savoie.

ECOLE OMBRIENNE (xvie siècle)

19 — La Vierge, l'Enfant Jésus et Saint Jean-Baptiste.

ECOLE MODERNE

20 — Pastorale.

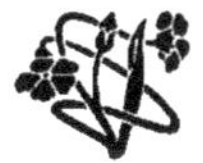

OBJETS D'ART

FAIENCES

21 — Plat creux en ancienne faïence italienne à
décor rayonnant avec médaillon orné d'un buste
de femme.

22 — Plat creux en ancienne faïence italienne à
décor rayonnant avec médaillon orné d'un cheval
marin.

23 — Deux vases en ancienne faïence italienne à
décor bleu sur fond blanc.

24 — Cornet de pharmacie en ancienne faïence italienne, décoré de deux écussons et de larges
feuilles.

(Vente Molinier).

25 — Panse de vase en ancienne faïence italienne
du XVe siècle. Imbrications sur fond blanc.

(Vente Molinier).

26 — Petit vase en faïence italienne à décor bleu.

27 — Petite coupe en faïence italienne.

28 — Deux petites coupes en faïence italienne.

29 — Plat rond en faïence italienne à décor d'armoiries sur fond bleu.

3o — Petit plat en ancienne faïence italienne.

31 — Petit plat creux à décor rayonnant en ancienne faïence de Deruta.

32 — Deux plats ancienne faïence italienne.

(Vente Molinier).

33 — Plat en ancienne faïence italienne à décor de personnage.

(Vente Molinier).

34 — Deux plats analogues.

35 — Lot de carreaux de faïence.

36 — Salière en forme de monument en terre vernissée dans le genre des faïences de Saint-Porchaire.

(Vente Molinier).

37 — Salière en terre vernissée de forme circulaire dans le genre des faïences de Saint-Porchaire.

38 — Deux plats hexagones en porcelaine de Chine à décor d'oiseaux et de branches fleuries, décor vert et rouge.

39 — Deux petits vases balustres en porcelaine de Chine.

40 — Deux cache-pots en porcelaine du Japon.

41 — Trois potiches en porcelaine de Chine (fracturées).

IVOIRES

42 — Bas-relief en ivoire : Scène à nombreux personnages. Cadre en bois noir avec incrustations et médaillons d'ivoire à têtes en relief.

43 — Petit groupe en ivoire, la Vierge assise tenant l'enfant Jésus debout sur ses genoux.

44 — Petite plaquette cintrée en os représentant un ange ailé assis, tenant l'enfant Jésus. xvᵉ siècle.

45 — Petit flacon en ivoire sculpté avec figures en haut-relief représentant le Jugement de Paris. xviiᵉ siècle.

46 — Etui en ivoire renfermant des lames de lancettes, xviiiᵉ siècle.

47 — Petit groupe en ivoire sculpté représentant trois figurines de femmes drapées et adossées.

48 — Statuette en ivoire : Personnage debout coiffé d'une toque à couvre-nuque,

49 — Peigne en ivoire découpé. xviiᵉ siècle.

5o — Plaque de poire à poudre en os sculpté, sujet représentant le Jugement dernier.

51 — Poignée en ivoire terminée par une figurine
de Lion.

52 — Christ en ivoire. Espagne, xviie siècle.

53 — Petit christ en ivoire.

54 — Trois manches de couteaux en ivoire ancien.

55 — Petit étui en forme de corne en ivoire sculpté,
chainette et monture en argent doré.

56 — Cachet formé d'un buste de femme en ivoire
posé sur un socle en lapis.

57 — Boite ronde en ivoire sculpté. Epoque
Louis XV.

58 — Quatre piéces diverses en ivoire.

ÉMAUX

5g — Plaque de baiser de paix en émail de Limoges, peinte en couleurs, représentant la Crucifixion. xvıᵉ siècle. Cadre en bois.

60 — Petite plaque en émail de Limoges peinte en couleurs : Jésus guérissant les malades. xvıᵉ siècle.

61 — Baiser de paix en émail de Limoges : La descente de croix. xvıᵉ siècle.

62 — Trois plaques rondes en émail peint italien. xvıᵉ siècle ; deux petites plaques niellées et une plaquette en émail champlevé.

63 — Plaque de bourse en émail peint de Limoges. xvııᵉ siècle.

64 — Petite plaque ovale peinte en couleurs : Sainte Madeleine. Limoges, xvııᵉ siècle.

65 — Couvercle de coupe en émail, peint en grisailles.

ORFÈVRERIE

66 — Petit calice en argent, le nœud de la tige est orné d'inscriptions. xv⁰ siècle.

67 — Monstrance en cuivre doré et gravé sur pied polylobé, orné de trois petites plaques en émail peint, Italie, xvɪᵉ siècle.

68 — Calice en argent doré, la tige hexagonale est ornée de fenestrages gothiques. En partie du xvᵉ siècle.

69 — Monstrance formée d'une plaque de cristal de roche gravé, représentant le christ debout, tenant le globe. Monture en cuivre doré et cristal de roche.

(Vente Molinier nᵒ 243).

70 — Monstrance en cuivre doré et gravé munie de quatre contre-forts émaillés. xvᵉ siècle.

71 — Ciboire en cuivre gravé orné de cabochons et surmonté d'une croix. xvᵉ siècle.

72 — Croix reliquaire formée de plaquettes de cristal de roche, monture en cuivre doré ornée de pierreries.

73 — Petit reliquaire de forme monumentale en bronze doré et colonnettes de cristal, décoré d'ornements gravés, d'inscriptions latines et de pierres de couleurs. Italie, XVIIᵉ siècle.

74 — Croix en cristal de roche, à monture de cuivre doré, enrichie de pierreries.

75 — Coupe en bois, garnie d'une monture d'argent ciselé et ajouré. Style gothique.

76 — Monstrance en cuivre gravé et doré en forme de monument, à clochetons et fenestrages gothiques. XVᵉ siècle.

77 — Coffret reliquaire de forme rectangulaire en cuivre repoussé découpé et doré, il est posé sur un pied circulaire en cuivre doré. XVIIᵉ siècle.

78 — Petite pixide en cuivre doré. XVᵉ siècle.

79 — Croix en cuivre repoussé et doré. Christ de majesté et symboles des évangélistes. XVᵉ siècle.

80 — Croix en cuivre gravé et champlevé, ornée d'une figurine de Christ. XIVᵉ siècle.

81 — Flambeau en cuivre champlevé et gravé à trois pieds mobiles se repliant les uns sous les autres. XIIIᵉ siècle.

82 — Base de flambeau en bronze, en forme d'arcature gothique.

BRONZES

83 — Statuette de Vénus. Bronze du xvie siècle.

84 — Figurine de cheval cabré. Bronze, xvie siècle.

85 — Statuette en bronze : Bœuf en marche.

86 — Statuette de Vénus, nue, tenant une patère. Bronze, xvie siècle.

87 — Encrier rond en bronze. Italie, xvie siècle.

88 — Encrier rond en bronze. Italie, xvie siècle.

89 — Petit buste d'empereur romain. Bronze, xvie siècle.

90 — Statuette d'Antinoüs. Bronze italien.

91 — Buste applique de César. Bronze, xvie siècle.

92 — Statuette de femme debout. Bronze, xviie siècle.

93 — Statuette de femme assise, en bronze doré, socle en bois noir. xviie siècle.

(Vente Molinier).

94 — Grand vase ovoïde en bronze orné d'un écusson armorié et muni de deux anses en forme de dauphins.

95 — Grand vase à peu près analogue au précédent.

96 — Petite sonnette. Bronze italien, XVIe siècle.

97 — Petite sonnette. Bronze italien, XVIe siècle.

98 — Fragment d'encrier en bronze du XVIe siècle ; les pieds sont formés par des figurines de bœufs.

99 — Statuette en bronze : Hercule debout appuyé sur sa massue.

100 — Statuette provenant d'un encrier : Homme nu, bronze italien, XVIe siècle.

101 — Sonnette en bronze, décorée de figurines d'Amours soutenant des écussons et d'ornements de style Renaissance.

102 — Mortier en bronze orné d'un écusson armorié et de contre-forts.

103 — Deux statuettes en bronze : Figurines de satyres agenouillés.

104 — Marteau de porte en bronze : Figure de diablotin entée dans un fleuron, XVIIe siècle.

105 — Statuette de Vénus. Bronze xviie siècle.

106 — Lampe en bronze de forme antique.

107 — Petit groupe en bronze : La Vierge et le Christ.

108 — Mercure. Statuette en bronze du xviie siècle.

109 — Statuette en bronze : Amour ailé, xviie siècle.

110 — Deux statuettes de jeunes enfants debout et nus; l'un tenant une trompette, l'autre tenant une gravure.

111 — Hercule debout appuyé sur sa massue. Bronze, xvie siècle.

112 — Statuette en bronze du xviie siècle : Mercure.

113 — Trois petites statuettes en bronze : Vénus, Bacchus, Silène.

114 — Lampe orientale en bronze gravé.

115 — Plaquette ronde en bronze : Saint Jean et l'Agneau.

116 — Plaquette en bronze : La Descente de Croix.

117 — Petit cadre en bronze ciselé à décor de mascarons et d'enfants.

118 — Buste de Sainte femme. Bronze.

119 — Figurine de Lion.

120 — Deux petits lions debout supportant des écussons, XVIᵉ siècle.

121 — Deux chiens couchés en bronze.

122 — Aigle en bronze doré, XVIIᵉ siècle.

123 — Deux appliques en bronze doré : Lions, XVIIᵉ siècle.

124 — Deux petits lions en bronze doré.
(Collection Boy)

125 — Trois petites figurines de lions couchés en bronze doré, XVIᵉ siècle.

126 — Deux figurines de chiens en bronze doré.

127 — Deux figurines de lions en bronze doré.

128 — Figurine de lion en bronze doré.
(Vente Boy).

129 — Christ en bronze, XIVᵉ siècle.

130 — Christ en bronze, XVᵉ siècle.

131 — Christ analogue.

132 — Deux autres figurines de Christ.

133 — Deux petites colonnettes d'applique en bronze
doré.

134 — Trois figurines d'anges en bronze doré,
xve siècle.

135 — Christ en bronze doré, xvie siècle.

136 — Christ en bronze doré, xvie siècle.

137 — Baiser de paix en bronze du xvie siècle :
Ecce Homo.

138 — Baiser de paix en bronze doré : La Vierge
assise tenant l'Enfant Jésus. Encadrement à
pilastres, xvie siècle.

139 — Deux figures d'anges en bronze doré,
xviie siècle.

140 — Petit baiser de paix en bronze fondu et
ajouré à décor de feuillages et de personnages,
xviie siècle.

141 — Baiser de paix en cuivre doré présentant la
Crucifixion. Encadrement à pilastres, xvie siècle.

142 — Baiser de paix à encadrement à pilastres et à
fronton cintré, orné de dauphins, xvie siècle.

143 — Baiser de paix à fronton triangulaire présentant la Crucifixion, xviie siècle.

144 — Baiser de paix en bronze peint et doré : Vierge et Enfant, xvie siècle.

>   (Collection Molinier).

145 — Baiser de paix en bronze doré : Ecce Homo, xvie siècle.

146 — Deux flambeaux formés chacun d'une figurine de lion en bronze doré.

147 — Grand candélabre étrusque en bronze antique reposant sur une base à trois pieds à griffes. Jolie patine.

>   Haut. : 1m05.

148 — Anse de situle en bronze antique, les attaches sont ornées de têtes de femmes.

149 — Peson en forme de tête d'enfant. Bronze antique.

150 — Statuette de guerrier. Bronze romain antique.

151 — Chèvre, bronze antique.

152 — Petit buste de femme. Bronze de style antique.

153 — Statuette d'Hercule brandissant sa massue. Bronze.

154 — Épée en bronze. Style antique.

155 — Coupe à deux anses en bronze, ornée de
figures de centaures en bas-relief. Style antique.

156 — Colombe en bronzs à patine verte. Ancien
travail oriental.

OBJETS VARIÉS

157 — Petite tasse et soucoupe en onyx.

158 — Deux très petites coupes en cristal de roche.

159 — Vase couvert de forme évasée en cristal de roche, monté sur piédouche.

160 — Deux plaquettes en cristal de roche gravé.

161 — Lot important de colonnettes, plaquettes, chapiteaux, perles, pendeloques, cabochons en cristal de roche de différentes époques.

(Sera divisé).

162 — Coffret-reliquaire à monture d'ébène garni de plaquettes et de colonnettes torses en cristal de roche. Le fond intérieur est garni de plaquettes de lapis serties dans une monture de cuivre doré.

163 — Petit coffret en bronze doré de forme rectangulaire, garni de plaquettes de cristal de roche.

164 — Coffret en forme de maison en cuir ciselé, à décor de personnages et d'animaux.

165 — Petit coffret italien, à ornements en pâte
blanche sur fond doré.

166 — Coffret analogue.

167 — Petit modèle de fauteuil en bois sculpté.

168 — Quatre petites colonnettes torses en bois noir
garnies de pampres, de bases et de chapiteaux en
bronze doré, xviiᵉ siècle.

169 — Deux petits chapiteaux en bronze ciselé et
doré, à décor de feuilles d'acanthe et têtes de
chérubins, xviiᵉ siècle.

170 — Deux petits cadres en cuivre émaillé et cadre
en bronze, à décor de têtes d'anges.

171 — Lot de fragments divers en cuivre doré, gravé
et émaillé, provenant de reliquaires, de croix et
de calices.

172 — Pieds de cabinets en forme de lions, statuettes
appliques provenant de reliquaires et monuments
religieux. Bronze doré. Environ vingt pièces.

173 — Lot d'objets divers, médaillon peint, petits
bas-reliefs en bois sculpté, émaux, etc. Douze
pièces.

174 — Trois petits cadres en filigrane.

175 — Deux couteaux à manches d'argent niellé et gravé.

176 — Couperet; poignée en bois à monture en métal doré.

177 — Couteau et fourchette à manches d'argent en partie doré, ornés de figurines de lions, XVIIe siècle.

178 — Deux couteaux à manches en bronze doré, ornés d'une figurine de lion dressé tenant un écusson, XVIIe siècle.

179 — Deux petits couteaux à poignées d'argent niellé, XVIe siècle.

180 — Petit couteau à poignée de bois garnie de bronze doré. Lame gravée portant la date 1565.

181 — Couteau à poignée de jaspe rouge, lame pointue gravée et dorée, XVIe siècle.

182 — Couteau à manche en pierre dure.

183 — Dague à poignée, formée d'une statuette de personnage nu.

184 — Dix pièces couteaux et fourchettes à décors variés.

185 — Trois manches de couteaux en bronze, XVIe siècle.

186 — Epée courte à lame plate, poignée en bois

187 — Statuette de personnage debout en dinanderie.

188 — Deux porte-cierges en dinanderie.

189 — Deux bras appliques porte-lumières en dinanderie.

190 — Deux porte-cierges en dinanderie.

191 — Deux très grandes torchères d'applique en fer
forgé, repoussé et doré, à figures de sirènes et
ornements feuillagés.

Haut. : 2″60.

192 — Sceau à eau bénite en dinanderie.

193 — Deux chandeliers en cuivre émaillé.

194 — Petit sceau à eau bénite en dinanderie.

195 — Deux flambeaux vénitiens en cuivre gravé,
XVIe siècle.

196 — Petite coupe hémisphérique en cuivre gravé

197 — Sceau en cuivre gravé.

198 — Trois oiseaux en fer. Travail oriental.

199 — Trois plats en dinanderie.

200 — Bassin creux en dinanderie.

201 — Deux bas-reliefs formés de mosaïques en pierres de couleurs représentant des corps humains étendus. Italie xviie siècle.

202 — Sceau en verre à décor de saints personnages dorés.

203 — Coupe en verre genre antique.

204 — Lot de cylindres babyloniens en pierre dure.

205 — Lot de monnaies et médailles.

206 — Lot de plaquettes en plomb.

207 — Lettres ornées, peintes sur parchemin et provenant d'antiphonaires.

208 — Petit panneau en tapisserie : Christ en buste, cadre en ébène.

209 — Morceau de tapisserie : personnage sur fond de feuillages.

210 — Morceaux divers de tapisserie verdure.

211 — Lot d'étoffes diverses, velours, damas, brocatelle, etc.

212 — Trumeau orné d'une peinture représentant Catherine de Russie à cheval.

213 — Gravure en noir : Napoléon Ier en buste.

BOIS SCULPTÉS

214 — Statuette en bois sculpté : St-Marc debout tenant un livre, un lion est étendu à ses pieds, xvii⁰ siècle.

215 — Statuette en buis : Christ à la colonne, xvii⁰ siècle.

216 — Bâton de croix processionnelle en bois sculpté, xvii⁰ siècle.

217 — Christ en buis, xvii⁰ siècle.

218 — Bas-relief en bois sculpté : sujet religieux, xvii⁰ siècle, cadre doré.

219 — Statuette de jeune enfant emmaillotté, bois polychromé, xvii⁰ siècle.

220 — Statuette d'évêque crossé et mitré en bois sculpté et polychromé, xvii⁰ siècle.
   (Vente Molinier).

221 — Bas-relief en bois sculpté : Vierge debout portant l'Enfant-Jésus sous une arcature gothique, xv⁰ siècle.
   (Vente Molinier).

222 — Cinq panneaux en bois sculpté du xvie siècle, ornés de bustes d'hommes et de femmes.

223 — Quatre panneaux en bois sculpté du xvie siècle.

224 — Lot de panneaux en bois sculpté.

225 — Buste de Saint-Jean en bois peint. Italie, xvie siècle.

226 — Figurine de jeune femme agenouillée en bois sculpté, peint et doré. Haut-relief provenant d'un rétable, xvie siècle.

227 — Grande statuette en bois sculpté et polychromé : St-Michel.

228 — Grande statuette en bois sculpté et polychromé : St-Paul.

229 — Grand rétable en bois sculpté, orné de statues appliques en bois sculpté peint et décorés, représentant la Vierge et l'Enfant, St-Joseph et St-Jean Les volets sont peints et dorés, à l'intérieur, des statuettes appliques de Ste-Anne et de Ste-Marguerite, et à l'extérieur de peintures de saints personnages.

Le fond est peint, et la partie supérieure ornée d'une arcature en bois sculpté, doré et ajouré. Allemagne, xve siècle (restauré).

230 — Partie de rétable en bois peint représentant des saints personnages sous des arcatures en bois sculpté.

231 — Deux colonnes torses en bois sculpté et peint, à décor de pampres.

232 — Deux colonnes de lit en bois sculpté.

233 — Cadre de forme monumentale en bois sculpté et doré.

Larg. : 1^m15; Haut. : 1^m90.

SCULPTURES DIVERSES

234 — Haut-relief en terre émaillée en couleurs, dans le goût des Della Robbia représentant la Vierge debout tenant l'Enfant-Jésus, et ayant à ses côtés deux saints personnages (restauré). Ancien travail italien.

Larg. : 0^m^70; Haut. : 1^m^10

235 — Statue en terre cuite peinte : Sainte femme debout les bras levés, XVIᵉ siècle.

(Vente Molinier).

236 — Bas-relief en terre cuite : Jeunes enfants et amours. Travail italien.

237 — Petit buste d'enfant en terre cuite.

238 — Buste de jeune garçon et buste de jeune femme en terre cuite polychromée. Travail italien.

239 — Buste de Christ en terre cuite.

240 — Deux bas-reliefs en albâtre blanc, **ornés** d'écussons armoriés et de **feuillages**. Travail espagnol, XVIIᵉ siècle.

241 — Haut-relief en marbre blanc représentant la
Vierge et l'Enfant. Travail italien.

242 — Tabernacle en marbre blanc à décor de pilastres cannelés, St-Esprit et têtes de chérubins.
Porte en bronze ornée de plaques de jaspe et de
lapis. Travail italien.

243 — Statuette en marbre blanc : Saint-Sébastien.
Ancien travail italien.

Haut. : 1 mètre.

244 — Figurine de Silène couché, appuyé sur une
outre, marbre blanc. Ancien travail italien.

245 — Médaillon en marbre blanc : Amour sur une
chèvre.

246 — Haut-relief en marbre blanc : L'Adoration
des rois Mages. Travail italien.

247 — Statuette en pierre sculptée de saint personnage debout drapé, la tête appuyée sur la main
droite, xvie siècle.

(Vente Molinier).

248 — Groupe en pierre sculptée : la Vierge et
St-Jean, xvie siècle.

249 — Deux statuettes en pierre (incomplètes) : Sain-
tes femmes.

250 — Tête de personnage barbu, grandeur nature
en pierre sculptée et peinte, xvie siècle.

(Vente Molinier).

251 — Vasque circulaire en marbre blanc montée
sur une colonne torse. La base est formée par
une figurine de lion couché. Ancien travail italien.

Haut. : 1^m53: Diamètre : 0^m5o.

252 — Deux figurines de lions couchés en marbre
blanc. Bases de colonnettes.

253 — Partie d'un grand encadrement de porte en
quatre morceaux, en pierre sculptée à décor de
têtes de Chérubins et ornements Renaissance.
Italie, xvie siècle.

Haut. : 1^m9o; Larg. : 1^m47.

254 — Frise incomplète en deux parties, en pierre
sculptée, décorée de branches fleuries et d'un
écusson inscrit dans une couronne de feuillages,
xvie siècle.

Long. : 1^m36; Haut. : 0^m17.

255 — Huit morceaux de pierre, pouvant composer,
en partie, une grande cheminée Renaissance.

256 — Colonnettes, montants, et divers fragments
en pierre sculptée.

257 — Colonnes en marbre.

258 — Colonne torse en marbre.

259 — Gaîne en marbre bleu turquin.

260 — Colonne en marbre gris.

261 — Lot de pierres sculptées.

262 — Stèle égyptienne en pierre.

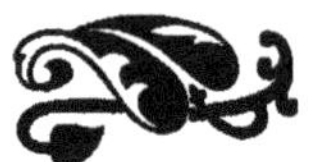

MEUBLES ET SIÈGES

263 — Petite armoire à hauteur d'appui fermant à deux portes, ornée de panneaux gothiques à serviettes.

Haut. : 1^m13; Larg.: 1 mètre.

264 — Meuble en bois sculpté à deux corps, orné de colonnettes balustres, fermant à quatre portes dont deux sont ornées de panneaux sculptés; et muni de deux tiroirs. En partie du XVIe siècle.

Haut. : 1^m15; Larg. : 1^m35.

265 — Petite table rectangulaire à pieds tournés, munie d'un tiroir.

266 — Coffre en bois sculpté formé de sept panneaux à personnages, séparés par des pilastres. En partie du XVIe siècle.

Haut.: 0^m90; Larg.: 1^m57.

267 — Petite crédence fermant à deux portes et deux tiroirs. Les panneaux des portes sont décorés de figures des saints personnages en relief.

268 — Meuble-crédence fermant à deux portes à décor de marqueterie, sur console à cariatides.

269 — Grande crédence fermant à deux portes et quatre tiroirs formée de panneaux gothiques à serviettes.

270 — Deux grandes stalles à quatre places, formées de panneaux à rosaces et fenestrages gothiques. Accotoirs découpés et dossiers surmontés de frises ajourées.

Haut. : 1m15. Long. : 3 m.

271 — Siège en forme d'X formé de lamelles en bois sculpté. Travail italien.

272 — Quatre chaises à dossiers à petites colonnettes.

273 — Siège garni de cuir, pieds à colonnettes torses.

274 — Siège garni de cuir, dossier bas en bois sculpté.

275 — Coffre bois sculpté, xvɪᵉ siècle.

276 — Table en bois sculpté de style gothique.

277 — Coffre gothique.

278 — Table à pieds tors.

279 — Banquette en bois sculpté, à dossier et accotoirs. Italie, xvɪɪᵉ siècle.

280 — Petite table à pieds tors, munie d'un tiroir.

281 — Table italienne en bois incrusté d'ivoire et d'ébène, xviie siècle.

Long. : 1m40. Larg. : 0m70.

282 — Vitrine murale en bois sculpté et doré ouvrant à une porte.

Haut. : 1m45. Larg. : 0m75. Profond. : 0m30.

283 — Deux gaines supports en bois sculpté.

284 — Quatre escabeaux vénitiens en bois sculpté et peint. Travail italien de style Renaissance.

285 — Caqueteuse de style Renaissance.

286 — Deux fauteuils bois sculpté et doré, couverts de damas rouge, xviie siècle.

287 — Console Louis XVI en acajou.

288 — Deux chaises en acajou garnies de cuivres. Epoque Empire.

289 — Grande bibliothèque en acajou garnie de cuivres. Epoque Empire.

290 — Deux vitrines murales en palissandre avec incrustations de filets de cuivre; fermant à deux portes, munies de deux tiroirs, et posant sur une console à quatre pieds.

Haut. : 2^m40. Larg. : 1^m20.

291 — Vitrine plate en bois, garnie de glaces.

Long. : 1^m35 Larg. : 0^m72.

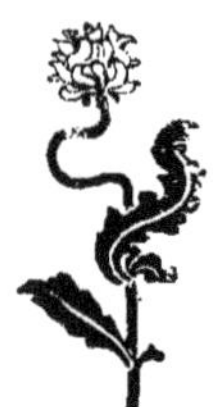

VENTE

Judiciaire après décès

des Lundi 6 et Mardi 7 Mai 1907

A 2 HEURES

HOTEL DROUOT — SALLE N° 1

Supplément au Catalogue

FAÏENCES · EMAUX · BRONZES

ORFÈVRERIE

BOIS SCULPTÉS

COMMISSAIRE-PRISEUR

Mᵉ E. BOUDIN, *14, Rue Grange-Batelière*

EXPERTS

Pour les Tableaux	Pour les Objets d'Art
M. Jules FÉRAL	**M. Henri LEMAN**
7, Rue Saint-Georges	*37, Rue Laffitte*

EXPOSITION PUBLIQUE

Le Dimanche 5 Mai 1907, de 2 heures à 6 heures

N. B. — *Les objets désignés ci-après seront vendus en même temps que ceux de même nature décrits au catalogue, malgré la différence de numérotage.*

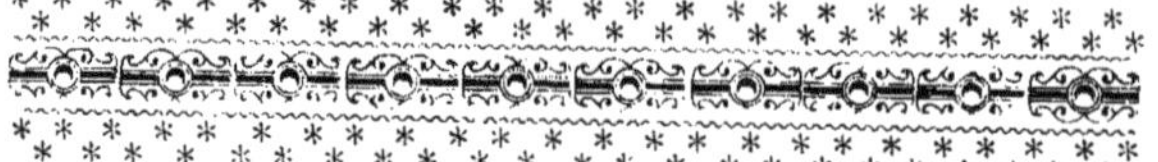

SUPPLÉMENT AU CATALOGUE

FAIENCES

292 — Cruche à goulot trilobé, en ancienne faïence italienne, ornée d'un médaillon avec lion passant à droite. Fin du xve siècle.

Collection Molinier.

293 — Cornet en ancienne faïence italienne à décor de tête d'oiseau et ornements géométriques en bleu sur fond blanc. xve siècle. Fracturé.

294 — Cruche à anse et à bec en ancienne faïence italienne à décor vert et manganèse sur fond blanc. xve siècle.

ÉMAUX

295 — Plaque ovale en émaux de couleurs : Sainte Anne, la Vierge et des anges. Limoges xviie siècle.

296 — Deux assiettes en émail, peintes en couleurs, et présentant chacune un buste de César de profil à droite. Limoges, fin du xvie siècle.

ORFÈVRERIE

297 — Calice en cuivre doré. La tige hexagonale,
ornée de petites plaques en émail champlevé, est
interrompue par un nœud sphérique, orné de
médaillons en émail champlevé à bustes de saints
personnages. Italie xvᶜ siècle.

298 — Baiser de paix en bronze doré. La Vierge à
mi-corps tenant l'Enfant-Jésus. Encadrement
foᵣmé par des figures d'anges, Fronton cintré à
arcature gothique sous laquelle est placé une
figure du père éternel soutenu par des anges.
Italie. Fin du xvᶜ siècle.

299 — Petite boite à musique en argent gravé. Le
dessus est émaillé en couleurs à bouquets de
fleurs et orné au centre d'un médaillon ovale sur
émail à décor de paysage montagneux. Travail
de Genève.

BRONZES

300 — Petite statuette en bronze antique. Enfant
debout, vêtu d'une draperie qu'il relève de la
main gauche.

301 — Mors de cheval en bronze antique orné de
deux statuettes de lions.

Collection Molinier.

BOIS SCULPTÉ

3o2 — Groupe en bois sculpté : Statuette de Vierge
assise tenant l'Enfant-Jésus. Base ornée d'inscriptions latines et d'ornements gothiques. La
Vierge est ouvrante et forme triptyque et laisse
voir à l'intérieur des bas-reliefs à scènes tirées de
la vie du Christ, sous des arcatures ogivales.
Style du xɪvᵉ siècle.

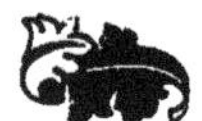

* * *

IMPRIMERIE
C. CHAUFOUR
8-10, RUE MILTON
PARIS

* * *

9 782329 490212